My Tweetalige Prenteboek
My Bilingual Picture Book

Sefa se mooiste kinderverhale in een bundel

Ulrich Renz • Barbara Brinkmann:

Lekker slaap, wolfie · Sleep Tight, Little Wolf

Aanbevole ouderdom: vanaf 2 jaar

Cornelia Haas • Ulrich Renz:

My allermooiste droom · My Most Beautiful Dream

Aanbevole ouderdom: vanaf 2 jaar

Ulrich Renz • Marc Robitzky:

Die wilde swane · The Wild Swans

Gebaseer op 'n sprokie van Hans Christian Andersen

Aanbevole ouderdom: vanaf 5 jaar

© 2024 by Sefa Verlag Kirsten Bödeker, Lübeck, Germany. www.sefa-verlag.de

Special thanks to Paul Bödeker, Freiburg, Germany

All rights reserved.

ISBN: 9783756303960

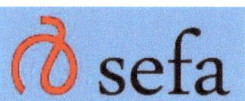

Lees · Luister · Verstaan

Lekker slaap, wolfie
Sleep Tight, Little Wolf

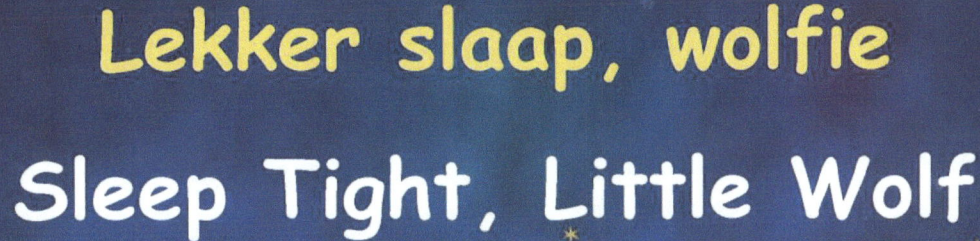

Ulrich Renz / Barbara Brinkmann

Afrikaans — tweetalig — Engels

Vertaling:

Hans Huyssen (Afrikaans)

Pete Savill (Engels)

Oudioboek en video:

www.sefa-bilingual.com/bonus

Wagwoord vir gratis toegang:

Afrikaans: **LWAF1015**

Engels: **LWEN1423**

Nag, Tim. Ons sal môre verder soek.
Slaap nou lekker!

Good night, Tim! We'll continue searching tomorrow.
Now sleep tight!

Buite is dit al donker.

It is already dark outside.

Wat doen Tim dan nou?

What is Tim doing?

Hy gaan uit na die speelparkie toe.

Wat soek hy daar?

He is leaving for the playground.

What is he looking for there?

Die klein wolfie!

Hy kan nie sonder hom slaap nie.

The little wolf!

He can't sleep without it.

Wie kom nou hier aan?

Who's this coming?

Marie! Sy soek haar bal.

Marie! She's looking for her ball.

En wat soek Tobi?

And what is Tobi looking for?

Sy graafmasjien.

His digger.

En wat soek Nala?

And what is Nala looking for?

Haar pop.

Her doll.

Moet die kinders nie bed toe gaan nie?

Die kat is baie verbaas.

Don't the children have to go to bed?

The cat is rather surprised.

En wie kom nou hier aan?

Who's coming now?

Tim se ma en pa!
Sonder hulle Tim kan hulle nie slaap nie.

Tim's mum and dad!
They can't sleep without their Tim.

En daar kom nog meer! Marie se pa.
Tobi se oupa. En Nala se ma.

More of them are coming! Marie's dad.
Tobi's grandpa. And Nala's mum.

Nou vinnig bed toe!

Now hurry to bed everyone!

Nag, Tim!

Môre hoef ons nie weer te soek nie.

Good night, Tim!

Tomorrow we won't have to search any longer.

Lekker slaap, wolfie.

Sleep tight, little wolf!

Cornelia Haas • Ulrich Renz

My allermooiste droom
My Most Beautiful Dream

Vertaling:

Ingrid Lezar (Afrikaans)

Sefâ Jesse Konuk Agnew (Engels)

Oudioboek en video:

www.sefa-bilingual.com/bonus

Wagwoord vir gratis toegang:

Afrikaans: **BDAF1015**

Engels: **BDEN1423**

Lulu kan nie aan die slaap raak nie. Al die ander is reeds in droomland – die haai, die olifant, die klein muis, die draak, die kangaroe, die ridder, die apie, die vlieënier. En die leeuwelpie.
Ook die beer se oë val amper toe ...
Ag Beer, neem my tog saam in jou droom?

Lulu can't fall asleep. Everyone else is dreaming already – the shark, the elephant, the little mouse, the dragon, the kangaroo, the knight, the monkey, the pilot. And the lion cub. Even the bear has trouble keeping his eyes open ...

Hey bear, will you take me along into your dream?

Meteens bevind Lulu haar in Beerdroomland. Die beer vang vis in Tagayumi-meer. En Lulu wonder: Wie sou daar bo in die bome woon?
Toe die droom verby is, wil Lulu op nog 'n avontuur gaan. Kom saam, ons gaan kuier by die haai! Waaroor sou hy dan droom?

And with that, Lulu finds herself in bear dreamland. The bear catches fish in Lake Tagayumi. And Lulu wonders, who could be living up there in the trees?

When the dream is over, Lulu wants to go on another adventure. Come along, let's visit the shark! What could he be dreaming?

Die haai speel aan-aan met die visse. Uiteindelik het hy maats! Niemand is bang vir sy skerp tande nie.
Toe die droom verby is, wil Lulu op nog 'n avontuur gaan. Kom saam, ons gaan kuier by die olifant! Waaroor sou hy dan droom?

The shark plays tag with the fish. Finally he's got some friends! Nobody's afraid of his sharp teeth.

When the dream is over, Lulu wants to go on another adventure. Come along, let's visit the elephant! What could he be dreaming?

Die olifant is so lig soos 'n veer en kan vlieg! Hy gaan nou op die hemelse grasvlakte land.

Toe die droom verby is, wil Lulu op nog 'n avontuur gaan. Kom saam, ons gaan kuier by die klein muis! Waaroor sou sy dan droom?

The elephant is as light as a feather and can fly! He's about to land on the celestial meadow.

When the dream is over, Lulu wants to go on another adventure. Come along, let's visit the little mouse! What could she be dreaming?

Die klein muis bekyk die pretpark. Sy hou die meeste van die tuimeltrein. Toe die droom verby is, wil Lulu op nog 'n avontuur gaan. Kom saam, ons gaan kuier by die draak! Waaroor sou hy dan droom?

The little mouse watches the fair. She likes the roller coaster best.
When the dream is over, Lulu wants to go on another adventure. Come along, let's visit the dragon! What could she be dreaming?

Die draak is dors van vuur spoeg. Hy sou graag die hele limonademeer wou opdrink.

Toe die droom verby is, wil Lulu op nog 'n avontuur gaan. Kom saam, ons gaan kuier by die kangaroe! Waaroor sou sy dan droom?

The dragon is thirsty from spitting fire. She'd like to drink up the whole lemonade lake.
When the dream is over, Lulu wants to go on another adventure. Come along, let's visit the kangaroo! What could she be dreaming?

Die kangaroe spring deur die lekkergoedfabriek en prop haar buidel vol.
Nog meer van die blou lekkers! En meer suigstokkies! En sjokolade!
Toe die droom verby is, wil Lulu op nog 'n avontuur gaan. Kom saam, ons gaan kuier by die ridder! Waaroor sou hy dan droom?

The kangaroo jumps around the candy factory and fills her pouch. Even more of the blue sweets! And more lollipops! And chocolate!
When the dream is over, Lulu wants to go on another adventure. Come along, let's visit the knight! What could he be dreaming?

Die ridder hou 'n koekgeveg met sy droomprinses. Oeps! Die roomkoek is mis!

Toe die droom verby is, wil Lulu op nog 'n avontuur gaan. Kom saam, ons gaan kuier by die apie! Waaroor sou hy dan droom?

The knight is having a cake fight with his dream princess. Oops! The whipped cream cake has gone the wrong way!

When the dream is over, Lulu wants to go on another adventure. Come along, let's visit the monkey! What could he be dreaming?

Uiteindelik het dit tog 'n keer in Apieland gesneeu. Die hele spul apies is uit hulle nate en vol aapstreke.

Toe die droom verby is, wil Lulu op nog 'n avontuur gaan. Kom saam, ons gaan kuier by die vlieënier! In watter droom het hy dalk geland?

Snow has finally fallen in Monkeyland. The whole barrel of monkeys is beside itself and getting up to monkey business.
When the dream is over, Lulu wants to go on another adventure. Come along, let's visit the pilot! In which dream could he have landed?

Die vlieënier vlieg en vlieg. Tot aan die einde van die wêreld, en selfs nog verder, tot by die sterre. Geen ander vlieënier het dit al ooit reggekry nie. Toe die droom verby is, is almal alreeds baie moeg en wil niemand meer op avonture gaan nie. Maar hulle wil tog nog by die leeuwelpie gaan kuier. Waaroor sou hy dan droom?

The pilot flies on and on. To the ends of the earth, and even farther, right on up to the stars. No other pilot has ever managed that.
When the dream is over, everybody is very tired and doesn't feel like going on many adventures anymore. But they'd still like to visit the lion cub.
What could she be dreaming?

Die leeuwelpie verlang huis toe en wil teruggaan na die warm, snoesige bed.
En die ander wil ook.

En so begin ...

The lion cub is homesick and wants to go back to the warm, cozy bed.
And so do the others.

And thus begins ...

... Lulu se allermooiste droom.

... Lulu's
most beautiful dream.

Ulrich Renz • Marc Robitzky

Die wilde swane
The Wild Swans

Vertaling:

Ingrid Lezar (Afrikaans)

Ludwig Blohm, Pete Savill (Engels)

Oudioboek en video:

www.sefa-bilingual.com/bonus

Wagwoord vir gratis toegang:

Afrikaans: **WSAF1015**

Engels: **WSEN1423**

Ulrich Renz · Marc Robitzky

Die wilde swane

The Wild Swans

Gebaseer op 'n sprokie van

Hans Christian Andersen

+ audio + video

Afrikaans   tweetalig   Engels

Eendag lank, lank gelede was daar twaalf koninklike kinders – elf broers en hulle een ouer suster, Elisa. Hulle het gelukkig saamgewoon in 'n pragtige kasteel.

Once upon a time there were twelve royal children – eleven brothers and one older sister, Elisa. They lived happily in a beautiful castle.

Op 'n dag het hulle ma gesterf, en ná 'n ruk het die koning weer getrou. Sy nuwe vrou was egter 'n bose heks. Sy het die elf prinse in swane verander en hulle vêr weggestuur, na 'n afgeleë land anderkant die groot woud.

One day the mother died, and some time later the king married again. The new wife, however, was an evil witch. She turned the eleven princes into swans and sent them far away to a distant land beyond the large forest.

Sy het die meisie in vodde geklee en 'n aaklige salf aan haar gesig gesmeer wat haar so lelik gemaak het dat selfs haar eie pa haar nie meer herken het nie en uit die kasteel gejaag het. Elisa het in die donker woud ingehardloop.

She dressed the girl in rags and smeared an ointment onto her face that turned her so ugly, that even her own father no longer recognized her and chased her out of the castle. Elisa ran into the dark forest.

Sy was nou stoksielalleen en het uit die dieptes van haar siel na haar verlore broers verlang. Toe dit aand word, het sy vir haar uit mos 'n bed onder die bome gemaak.

Now she was all alone, and longed for her missing brothers from the depths of her soul. As the evening came, she made herself a bed of moss under the trees.

Die volgende oggend het sy op 'n kalm meer afgekom en toe sy haar weerkaatsing daarin sien, het sy geskrik. Maar nadat sy haarself gewas het, was sy die mooiste koningskind onder die son.

The next morning she came to a calm lake and was shocked when she saw her reflection in it. But once she had washed, she was the most beautiful princess under the sun.

Ná vele dae het Elisa die groot see bereik. Elf swaanvere het op die branders gedobber.

After many days Elisa reached the great sea. Eleven swan feathers were bobbing on the waves.

Toe die son begin sak, was daar 'n gedruis in die lug en elf swane het op die water kom land. Elisa het onmiddellik haar betowerde broers herken. Maar omdat hulle swanetaal gepraat het, kon sy hulle nie verstaan nie.

As the sun set, there was a swooshing noise in the air and eleven wild swans landed on the water. Elisa immediately recognized her enchanted brothers. They spoke swan language and because of this she could not understand them.

Bedags het die swane weggevlieg; snags het die broers en hulle suster styf teen mekaar in 'n grot gelê.

Een nag het Elisa 'n eienaardige droom gehad: Haar ma het haar vertel hoe sy haar broers van die betowering kon bevry. Sy moes hempies uit brandnetels brei en een oor elke swaan gooi. Tot dan kon sy egter nie 'n enkele woord praat nie, anders sou haar broers sterf.
Elisa het onmiddellik aan die werk gespring. Alhoewel haar hande soos vuur gebrand het, het sy onvermoeid aanhou brei.

During the day the swans flew away, and at night the siblings snuggled up together in a cave.

One night Elisa had a strange dream: Her mother told her how she could release her brothers from the spell. She should knit shirts from stinging nettles and throw one over each of the swans. Until then, however, she was not allowed to speak a word, or else her brothers would die.
Elisa set to work immediately. Although her hands were burning as if they were on fire, she carried on knitting tirelessly.

Op 'n dag het jaghorings in die vêrte opgeklink. 'n Prins het met sy gevolg aangery gekom en kort voor lank het hy voor haar gestaan. Toe hulle in mekaar se oë gekyk het, het hulle verlief geraak.

One day hunting horns sounded in the distance. A prince came riding along with his entourage and he soon stood in front of her. As they looked into each other's eyes, they fell in love.

Die prins het Elisa op sy perd getel en met haar na sy kasteel gery.

The prince lifted Elisa onto his horse and rode to his castle with her.

Die magtige skatmeester was allesbehalwe ingenome met die aankoms van die swygende skoonheid. Sy eie dogter was veronderstel om die prins se bruid te word.

The mighty treasurer was anything but pleased with the arrival of the silent beauty. His own daughter was meant to become the prince's bride.

Elisa het haar broers nie vergeet nie. Elke aand het sy aanhou werk aan die hempies. Een nag het sy uitgegaan na die begraafplaas om vars brandnetels te pluk. Terwyl sy besig was, het die skatmeester haar heimlik dopgehou.

Elisa had not forgotten her brothers. Every evening she continued working on the shirts. One night she went out to the cemetery to gather fresh nettles. While doing so she was secretly watched by the treasurer.

Die oomblik wat die prins op 'n jagtog vertrek het, het die skatmeester Elisa in die kerker laat gooi. Hy het beweer dat sy 'n heks is wat saans met ander hekse vergader.

As soon as the prince was away on a hunting trip, the treasurer had Elisa thrown into the dungeon. He claimed that she was a witch who met with other witches at night.

Met dagbreek word Elisa toe deur die wagte gehaal. Sy sou op die markplein verbrand word.

At dawn, Elisa was fetched by the guards. She was going to be burned to death at the marketplace.

Sy het skaars daar aangekom toe elf wit swane skielik op haar afvlieg. Elisa het gou-gou 'n hempie oor elkeen van hulle gegooi. In 'n oogwink het al haar broers voor haar gestaan in hulle menslike vorm. Net die kleinste een, wie se hempie nog nie heeltemal klaar was nie, het 'n vlerk in plaas van een arm gehad.

No sooner had she arrived there, when suddenly eleven white swans came flying towards her. Elisa quickly threw a shirt over each of them. Shortly thereafter all her brothers stood before her in human form. Only the smallest, whose shirt had not been quite finished, still had a wing in place of one arm.

Elisa en haar broers was steeds besig om mekaar vreugdevol te omhels toe die prins terugkeer. Uiteindelik kon sy alles aan hom verduidelik. Die prins het die bose skatmeester in die kerker laat gooi. En daarna is die bruilof sewe dae lank gevier.

En almal het lank en gelukkig saamgeleef.

The siblings' joyous hugging and kissing hadn't yet finished as the prince returned. At last Elisa could explain everything to him. The prince had the evil treasurer thrown into the dungeon. And after that the wedding was celebrated for seven days.

And they all lived happily ever after.

Hans Christian Andersen

Hans Christian Andersen is in 1805 in die Deense stad Odense gebore en in 1875 in Kopenhagen oorlede. Hy het wêreldberoemd geword vir sy literêre sprokies soos "Die meerminnetjie", "Die keiser se nuwe klere" en "Die lelike eendjie". Hierdie verhaal, „Die wilde swane", is oorspronklik in 1838 gepubliseer. Dit is al in meer as honderd tale vertaal en vir 'n verskeidenheid van media verwerk, insluitend teater, film en musiekteater.

Barbara Brinkmann is in 1969 in München gebore en word groot in die voorheuwels van die Beierse Alpe. Sy studeer argitektuur in München en werk sedertien as 'n navorsingsmedewerker in die Departement Argitektuur aan die Tegniese Universiteit van München. Sy werk ook as 'n vryskut grafiese ontwerper, illustreerder en skrywer.

Cornelia Haas illustreer sedert 2001 kinder- en jeugboeke. Sy is gebore in 1972, naby Augsburg, Duitsland. Sy studeer grafiese ontwerp aan die Münster Universiteit van Toegepaste Wetenskappe, waar sy tans 'n professor in illustrasie is.

Marc Robitzky, gebore in 1973, het aan die Tegniese Skool vir Kuns in Hamburg en die Akademie vir Visuele Kunste in Frankfurt gestudeer. Hy werk as 'n vryskut-illustreerder en kommunikasie-ontwerper in Aschaffenburg (Duitsland).

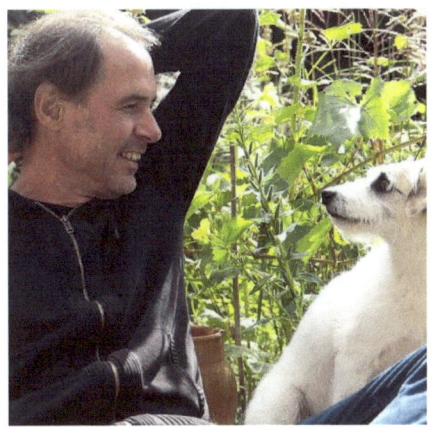

Ulrich Renz is in 1960 in Stuttgart, Duitsland, gebore. Hy studeer Franse letterkunde in Parys en geneeskunde in Lübeck. Daarna bestuur hy 'n wetenskaplike uitgewery. Hy skryf niefiksieboeke asook kinderboeke.

Hou jy van inkleur?

Hier sal jy die storie se prentjies vind om in te kleur:

www.sefa-bilingual.com/coloring

www.ingramcontent.com/pod-product-compliance
Lightning Source LLC
LaVergne TN
LVHW070449080526
838202LV00035B/2786